Von Doberan
bis Rerik
über Heiligendamm
und Kühlungsborn

Von Doberan bis Rerik über Heiligendamm und Kühlungsborn

DÖRTE BLUHM (Text)
THOMAS GRUNDNER (Fotos)

HINSTORFF

Am Strand von Rerik

200 Jahre Badespaß an der deutschen Ostseeküste

Weitblick bewies Herzog Friedrich Franz I. von Mecklenburg-Schwerin, als er 1793/94 auf Anraten seines Leibarztes am Heiligen Damm nahe Doberans ein Badehaus errichten ließ. Während dem Rostocker Mediziner in erster Linie das gesundheitliche Wohlergehen des Landesherren am Herzen lag, hatte der Fürst durchaus auch Zerstreuung im Sinn: Ein Theater, reizvolle Pavillons und die neu anzulegende Parkanlage sollten den Flecken Doberan zu einem herrschaftlichen Sommersitz machen, in dem sich Friedrich Franz nun regelmäßig aufhalten wollte.

Und nicht nur er. 1794 zählte der kleine Ort bereits knapp 350 Gäste, deren Schar von Jahr zu Jahr wuchs. Mehr oder minder blaublütiger Abstammung, sorgten die Sommerfrischler dafür, dass der Aufenthalt an der Ostsee zu einer Mode wurde, die bis heute anhält und längst nicht mehr nur mondänen Herrschaften vorbehalten ist. Wie Perlen auf einer Kette reihten sich bald die Bäder an der mecklenburgischen und pommerschen Ostseeküste zwischen Boltenhagen im Westen über Rügen und Usedom bis hin zur Danziger Bucht im Osten; wenn auch nicht alle zu »Kaiserbädern« wurden.

Umfangreiche Bautätigkeiten setzten um die Wende zum 19. Jahrhundert ein, denn die Gäste wünschten zumeist in vornehmen Logierhäusern und Hotels abzusteigen. Heiligendamm, die »Weiße Stadt am Meer«, galt mit ihrer herausragenden Architektur – einem einmaligen klassizistischen Ensemble – bald als das eleganteste deutsche Seebad, in dem der europäische Hochadel inklusive der Zarenfamilie die Sommerwochen verbrachte. Zum größten Ostseebad hingegen wurde Kühlungsborn.

Nachdem die Entwicklung der Seebadkultur bis zum Beginn des Zweiten Weltkriegs stetig angehalten hatte und zum maßgeblichen Wirtschaftsfaktor geworden war, brach sie nun fast völlig zusammen. Pensionen und Hotels dienten zunächst als Lazarette, später als Unterkünfte für Flüchtlinge und Ausgebombte, und auch die sowjetischen Besatzer quartierten sich ein. Erst in den 50er/60er Jahren erhielt der Tourismus wieder Bedeutung, wurden die Badeorte im Sommer schließlich von zehntausenden Urlaubern überrollt. Mondän war jetzt nur noch wenig. Immerhin blieb die klassizistische und wilhelminische Architektur zu großen Teilen erhalten, wenngleich sie starken Schaden nahm. Ihr Fortbestehen war die Grundlage für eine zumeist geglückte Sanierung und das neuerliche Aufblühen der Badeorte in den 90er Jahren.

Das Klima macht's

Heute kommen die Gäste noch immer oder auch wieder aus den gleichen Gründen, die vor über 200 Jahren Friedrich Franz I. & Co. nach Doberan zum Heiligen Damm und in die benachbarten Orte geführt haben: wunderschöne Natur, ein angenehmes Klima und viele Möglichkeiten der Zerstreuung.

An der Steilküste bei Heiligendamm

Himmel bei Bad Doberan

Quellental bei Bad Doberan

Bäderbahn Molli vor dem Bahnhof in Heiligendamm

In Zeiten von Marktwirtschaft und Konkurrenz sind dabei Zertifikate wie »Staatlich anerkannter Kur- oder Erholungsort« eine nicht zu unterschätzende Empfehlung, denn wer sich klassifizieren lassen möchte, muss die strengen Anforderungen des Kurgesetzes erfüllen. Das Heilbad Bad Doberan, die Ostseebäder Kühlungsborn und Rerik und das Ostseeheilbad Heiligendamm haben dies geschafft, wobei sie nicht allein auf die klimatischen Vorzüge setzen konnten. Denn auch touristische Faktoren werden berücksichtigt, die den »fremdenverkehrs-spezifischen Ortscharakter widerspiegeln«. Gemessen an der Einwohnerzahl des Ortes muss es laut Kurortgesetz zum Beispiel ein Überangebot an Übernachtungsmöglichkeiten geben, wobei vom Hotel- bis zum Privatzimmer hygienisch einwandfreie Zustände herrschen sollen. Eine mindestens fünftägige Aufenthaltsdauer sollte in der Saison möglich sein, Lese- und Aufenthaltsräume sind ebenso vorgeschrieben wie Sport-, Spiel-, Erholungseinrichtungen und einwandfreie öffentliche Toiletten.

Dennoch: Ohne spezielles Klima geht nichts, und das haben die drei Orte aufgrund ihrer Lage, ohne menschliches Dazutun. Die Ostsee verhilft der Küstenregion zu einem milden Reizklima mit hoher Luftreinheit. Die durch das Meer reflektierte Sonneneinstrahlung sorgt für einen erhöhten UV-Gehalt, das salzhaltige Wasser für jodhaltige, pollenarme Luft. Dies sind beste Vorraussetzungen für die Prävention und Rehabilitation von Atemwegserkrankungen und Allergien; Hauterkrankungen können hierdurch ebenfalls wirksam behandelt werden. Eine allgemeine Kräftigung – wohl jeder kennt die appetitanregende Wirkung eines Strandaufenthalts – wird durch Wind, Sonne und Wasser erzielt. Sieben Einrichtungen von Mutter-Kind- über Kur- bis zur Rehaklinik gibt es in Bad Doberan, Heiligendamm, Kühlungsborn und Rerik, wobei in Doberan traditionell dem Moor eine besondere Bedeutung zukommt. Es wird im klinikeigenen Tagebau in der nahe gelegenen Conventer Niederung gewonnen und vor allem bei schmerzhaften Leiden des Bewegungsapparates eingesetzt. Das »Moorbad« Bad Doberan ist zudem vom Land als Akademisches Lehrkrankenhaus für Naturheilverfahren der Medizinischen Fakultät der Universität Rostock anerkannt worden.

Blick von der Moorbadklinik auf Bad Doberan

Vom slawischen Flecken zum herzoglichen Sommersitz

Die Gründung des Ortes Doberan geht der Legende nach auf einen Jagderfolg des mecklenburgischen Fürsten Pribislav (gest. 1178) zurück: Wo er den ersten Hirsch erlegen würde, sollte ein Kloster gegründet werden. Der Hirsch brach ausgerechnet in morastigem Gelände zusammen, und während die Jagdgesellschaft noch beriet, ob das denn ein guter Platz für solch ein Bauvorhaben sei, flog ein Schwan über sie hinweg und rief »dobr, dobr« – slawisch für »gut«. Ob die Legende ein Körnchen Wahrheit enthält, mag dahin gestellt sein; Fakt ist, dass Zisterziensermönche 1171 in Althof, einem heutigen Stadtteil Bad Doberans, mit dem

Bau einer Abtei begannen. Schnell entstand hier das erste Kloster Mecklenburgs, das 1179 beim großen Slawenaufstand allerdings zunächst wieder zerstört wurde. Ab dem Jahr 1186 wuchs dann die bis heute erhaltene Doberaner Klosteranlage.

Der erwähnte Aufstand war der letzte große, seit die Slawen im sich formierenden Mecklenburg im 10. Jahrhundert begonnen hatten, gegen die Christianisierungsversuche der westelbischen Sachsen vorzugehen. Mit der Eroberung des Landes – die namengebende »Michelenburg« wurde 995 erstmals urkundlich erwähnt – durch Heinrich den Löwen im Jahr 1160 schritt die Manifestierung des Christentums unaufhaltsam voran. Mit 33 Klostergründungen im damaligen Mecklenburg kann man für das 13. Jahrhundert förmlich von einem »Boom« sprechen, wobei die Zisterzienser und Prämonstratenser den Boden für den neuen Glauben bereiteten.

Der Chronist Helmold von Bosau hatte noch 1170 notiert, dass Mecklenburg ein Land des Mangels und des Hungers sei, zudem »der Sitz des Satans und aller bösen Geister«. Gegen beides galten Klostergründungen als geeignetes Mittel, und die Doberaner Zisterzienser widmeten sich dann auch nicht nur der Verbreitung des Christentums, sondern dienten darüber hinaus als Landwirtschaftsexperten und Techniker den ansässigen Bauern als Vorbild. Bis dato war an der Ostseeküste noch mit dem hölzernen Hakenpflug gearbeitet worden, sodass den mageren Böden nur wenig Ertrag abgerungen werden konnte. In anderen slawischen Gebieten kannte man zu jener Zeit längst eiserne Pflüge.

Der Gründungskonvent des Doberaner Klosters kam aus Amelungsborn. Nach der Zerstörung des ersten, vermutlich noch hölzernen Baus in Althof sorgten die Amelungsborner gemeinsam mit Nikolaus von Rostock dafür, dass ein neuer Anfang gemacht werden konnte. Siedlungswillige Bauern aus Westfalen und Niedersachsen brachten einen Bevölkerungszuwachs, sodass gemeinsam mit den ansässigen Slawen ein gewisser Wohlstand rund um den Flecken Doberan erreicht weden konnte. Landesherren und Kaufleute leisteten Unterstützung und sahen die Entwicklung der Abtei mit Wohlwollen.

Das Doberaner Kloster war zweifellos das mächtigste in Mecklenburg, nannte es doch bis zu 66 Dörfer und Güter sein Eigen. Die 1294 bis 1368 errichtete Klosterkirche, die noch Elemente des romanischen, 1291 durch Feuer zerstörten Vorgängerbaus enthält, zählt heute als »Perle der Backsteingotik« zu den bedeutendsten Werken der Hochgotik im Backsteinbereich. Und dies, obwohl die strengen Regeln der Zisterzienser jeden Bauschmuck verboten.

Es gibt in Europa keine zweite Zisterzienserkirche, die noch so viel Ursprüngliches aus gotischer Zeit enthält. Im Innern beeindruckt neben dem Kreuzrippengewölbe die aus dem 13. und 14. Jahrhundert erhaltene Ausstattung mit Kelchschrank, dem Grabmal der dänischen Königin Margarete, dem Hochaltar, dem Corpus-Christi- und dem Fronleichnamaltar sowie dem Kreuzaltar. Zahlreiche mecklenburgische Herzöge ließen sich in der Kirche begraben; besonders

Kloster Doberan

Münster Doberan

Am Kamp in Bad Doberan

prunkvoll ist die Kapelle Adolf Friedrichs I. und seiner Frau Anna Maria von 1643. Auch der Sarkophag des 1837 verstorbenen Friedrich Franz I. steht im Doberaner Münster.

Mit der Reformation ging 1552 die Aufhebung des Klosters einher; ab etwa 1580 nutzte man die Kirche für den evangelischen Gottesdienst. Im Dreißigjährigen Krieg wurde das Münster stark beschädigt, nicht zuletzt, weil marodierende Soldaten einen versteckten Schatz aus Gold- und Silbermünzen vermuteten. Er wurde auch gefunden, allerdings erst 1805. Die Kirche wurde in den 1650er Jahren notdürftig repariert, viele andere Klostergebäude verfielen.

Doberan verlor massiv an Bedeutung – ein Zustand, der sich erst mit der Entwicklung zum Residenzort wieder änderte und sich dann schnell ins Gegenteil verkehrte: 1879 erhielt der Flecken Doberan Stadtrecht, die Einwohnerzahl wuchs von rund 3 750 im Jahr 1855 auf 5 400 im Jahr 1925 (2006: knapp 11 500 Einwohner). Seit 1929 darf der Titel »Bad« Doberan geführt werden.

Ende des 19. Jahrhunderts erfuhr das nun wieder im Blick der nationalen und europäischen Öffentlichkeit befindliche Münster unter der Ägide von Baumeister Gustav Ludwig Möckel einige Veränderungen im neogotischen Stil. Sie waren nicht nur dem Zeitgeschmack geschuldet, sondern resultierten aus baulichen Notwendigkeiten: Der Abriss der Klausur vermutlich um 1680 und ein großer Riss an der Westwand hatten unter anderem der Statik des Gebäudes zugesetzt. Den Zweiten Weltkrieg überstand die Klosteranlage relativ unbeschadet; entsprechend der Möglichkeiten wurden in den folgenden Jahrzehnten immer wieder Sanierungen vorgenommen. Seit 2002 gibt es umfassende Restaurierungsmaßnahmen; eine Antragstellung für die Aufnahme ins UNESCO-Weltkulturerbe ist geplant.

Das große Klostergelände blieb über die Jahrhunderte erhalten, mit ihm das oktogonale Beinhaus (um 1250), das Kornhaus (um 1280) und das Brauhaus (um 1290). Eingefasst ist das um 1800 zum englischen Garten umgestaltete Areal nach wie vor von einer um das Jahr 1290 errichteten, rund 1 400 Meter langen Backsteinmauer.

Heute wird das Bad Doberaner Münster jährlich von rund 200 000 Gästen besucht. Neben der Teilnahme an Gottesdiensten stehen Besichtigungen, Führungen und Konzerte auf dem Programm, wobei auch das auf dem Gelände befindliche Kornhaus als sozio-kulturelles Zentrum ein viel genutzter Ort ist.

Weißer Pavillon am Kamp

Mit der Erhebung Doberans zum herrschaftlichen Sommersitz Ende des 18. Jahrhunderts begann eine rege Bautätigkeit, in deren Folge große Teile des heutigen Stadtbildes entstanden. Als Baumeister fungierten maßgeblich Johann Christoph Heinrich von Seydewitz und Carl Theodor Severin.

Severin, vermutlich ein Schüler des Brandenburger Tor-Erbauers Carl Ferdinand Langhans, wurde aufgrund seiner Leistungen unter anderem in Doberan und Heiligendamm zum mecklenburgischen Landesbaumeister ernannt. Gemeinsam mit seinem Vorgänger, dem Doberaner »Bau-Conducteur« Seydewitz, baute er zunächst das Doberaner

Salongebäude (1801/02), in dem sich Geschäfte befanden. Von Seydewitz hatte zuvor für das heutige Hotel »Kurhaus« (1795/96 als spätbarockes Logierhaus errichtet) und das Amtshaus (1795 als Wohnhaus für die herzogliche Familie gebaut) verantwortlich gezeichnet. Severin, der seine Lebensaufgabe im Schaffen des klassizistischen Stadtbildes von Doberan sah, baute zwischen 1802 und 1835 im Auftrag des Herzogs u.a. das heute nicht mehr vorhandene Theater, zwei Musik- bzw. Boutique-Pavillons mit chinoisen Elementen (1808/09), das Großherzogliche Palais (1806/10), das Sanatorium » Moorbad« (1825) und das »Prinzenpalais« (1821/32).

Ein weiterer für Doberan bedeutender Baumeister war Gotthilf Ludwig Möckel, der nicht nur die Klosterkirche restaurierte, sondern auch mehrere Gebäude im neogotischen Stil entwarf: unter anderem das Möckel-Haus (1887/88 als Wohnhaus errichtet, heute Stadtmuseum) und das Gymnasium (1887/89 anstelle des abgetragenen Großherzoglichen Theaters errichtet). Auch überregional war Möckel kein Unbekannter: Er baute unter anderem das Ständehaus in Rostock, das herzogliche Jagdschloss in Gelbensande und den Georgsbrunnen in Dresden.

Einen festen Platz in der deutschen Literatur nimmt Ehm Welk ein, der von 1950 bis 1966 in Bad Doberan lebte. Zu Welks bekanntesten Werken – die Gesamtauflage seiner Bücher liegt bei ungefähr vier Millionen – gehören »Die Heiden von Kummerow« und »Die Gerechten von Kummerow« (1937/43), in denen er realistisch und liebevoll ironisch das Leben eines pommerschen Dorfes schildert.

Garantiert niemals vor Ort war Rocklegende Frank Zappa, dem seit 1990 rund um Bad Doberan gehuldigt wird. Aus einer ersten kleinen Party wurde inzwischen ein internationales Musik-Event, das jeden Sommer tausende Fans und auch musikalische Weggefährten Zappas in das beschauliche Städtchen zieht. Die Musikpavillons aus Friedrich Franz' Zeiten sind für derlei Konzerte natürlich völlig ungeeignet; die Klosterruine in Althof bot der Zappanale zwar ein passendes Ambiente, aber irgendwann nicht mehr genug Platz. Inzwischen rockt man auf der Pferderennbahn.

Unterwegs nach Heiligendamm

Viele Wege führen zur Weißen Stadt am Meer; genauer gesagt, lassen vier Verkehrsmittel die Qual der Wahl: Reist man per Schmalspurbahn, mit dem Auto oder Rad entlang einer der schönsten Alleen Deutschlands oder per Pedes durch einen herrlichen Küstenwald? Nur vom Wasser aus ist Heiligendamm (bisher) nicht erreichbar; es gibt eine 200 Meter lange Seebrücke, jedoch keine Marina. Der nächste Hafen liegt im sechs Kilometer entfernten Kühlungsborn.

Historisch-nostalgisch ist die Tour mit dem »Molli«, der dampflokbetriebenen Bäderbahn zwischen Bad Doberan und Kühlungsborn mit der seltenen Spurweite von 900 mm. In einer knappen halben Stunde und bei einer – nur selten erreichten – Maximalgeschwindigkeit von 40 km/h schnauft

Mollistraße, Bad Doberan

AWO
OPTIKER
Schulze
99 2323-6

Lindenallee nach Heiligendamm

Möckel-Haus, Bad Doberan

Lübzer Pils
Lübzer Pils
Lübzer Pils
Lübzer Pils
A.Pietsch
2 OSPA
1 OSPA
OSPA

sie nach etwa sechs Kilometern ins Ostseebad Heiligendamm. Bimmelnd und dampfend hat sich der »Molli« dann vom klassizistischen Doberaner Bahnhofsgebäude aus durch die Gassen der Stadt geschoben, um auf freier Strecke zwischen Allee und Wald einigermaßen Fahrt zu machen. Ganz nach Gusto ist die Reise im Salonwagen erster Klasse auf roten Samtpolstern bei Kaffee und Kuchen zu genießen, zweiter Klasse im Nostalgiewagen oder dritter Klasse im Traditionswagen. Echte Dampflokfans stehen natürlich draußen auf den Perrons, lassen sich den Fahrtwind um die Nase wehen und atmen den »Molli«-Dampf. Selbst als Heizer oder gar als Lokführer agieren können all jene, die zehn Tage lang als Fahrschüler auf den 15,4 Kilometern zwischen Bad Doberan und Kühlungsborn unterwegs sind. Gebaut wurde diese Gesamtsstrecke zwischen 1886 und 1908.

Zu welcher Jahreszeit eine Fahrt durch die traumhafte Lindenallee zwischen Doberan und Heiligendamm am schönsten ist, muss jeder selbst entscheiden: Im Frühjahr, wenn die Anemonen den angrenzenden Wald in ein weißes Sternenmeer verwandeln und die Bäume ihr erstes zartes Grün zeigen; im Sommer, wenn Zweige und Blätter ein undurchdringliches Dach bilden und man meint, durch einen Tunnel zu fahren; oder im Herbst, wenn die Oktoberfarben leuchten.

Spannender Wettkampf

Deutschlands älteste Galopprennbahn

Etwa auf halber Strecke zwischen Bad Doberan und Heiligendamm liegt Deutschlands älteste Pferderennbahn, die seit 1993 wieder in Betrieb ist. Dass bei den Damen Mecklenburgs seitdem sommers wieder mehr Hut getragen wird, ist statistisch nicht nachweisbar; einschlägige Boutiquen wollen jedoch einen leichten Boom bei rennplatztauglicher Kopfbedeckung verzeichnen. Mit rund 20 000 Besuchern zählen die alljährlichen Galopprenntage zu den gesellschaftlichen Höhepunkten im Nordosten, und zum »Ladys Day« haben Damen mit Hut freien Eintritt.

Das Rennfieber nahm im August 1822 seinen Anfang, als die Barone Gottlieb und Wilhelm von Biel zu Ehren der Erbgroßherzogin Alexandrine erste Wettkämpfe organisierten. Im ersten Jahr noch auf freiem Feld, doch schon 1823 lud der eigens gegründete Doberaner Rennverein »Hyghflyer« auf eine richtige Rennbahn ein und sorgte für zusätzliches Amüsement bei den illustren Badegästen.

Bis Anfang der 1960er Jahre wurde der Rennbetrieb mit Unterbrechungen aufrecht erhalten, nachdem die Sowjetarmee bereits im Juli 1945 das erste Nachkriegsrennen in

Seiten 24/25: Heiligendamm, Östliche Villen

Seiten 26/27: Heiligendamm, Kurhaus und Haus Mecklenburg

Deutschland veranstaltet hatte. Es fehlten jedoch die Gelder zum Erhalt der Anlage, bis anlässlich der 200-Jahrfeier Heiligendamms 1993 die Traditionen wieder belebt und eine neue Bahn auf altem Gelände eingeweiht werden konnte. Inzwischen hat die Doberaner Rennbahn wieder ihren festen Platz im deutschen Turfkalender, wozu nicht zuletzt das beträchtliche finanzielle Engagement der (über-)regionalen Wirtschaft beiträgt.

Die »Weiße Stadt am Meer«

Beeindruckt bereits der Doberaner Stadtpark »Kamp« mit seinen umliegenden klassizistischen Gebäuden, ist Heiligendamm mit seinem geschlossenen, vor allem von See aus ins Auge stechenden Ensemble eine Klasse für sich. Zwischen 1793 und 1870 schufen die Baumeister Johann Christoph Heinrich von Seydwitz, Carl Theodor Severin und Gustav Adolph Demmler das einzigartige klassizistische Gesamtkunstwerk aus Bade- und Logierhäusern, das über Jahrzehnte den europäischen Hochadel anzog.

Dass die Pracht heute wieder sichtbar ist, verdankt der Ort den umfänglichen Rekonstruktionen durch die Kölner Fundus-Gruppe, die die Gebäude 1996 kaufte und zu einer der exklusivsten Hotelanlagen Deutschlands machte. Hier werden mittlerweile internationale und hochrangige Gäste empfangen. Indes: Die ortsansässigen Bewohner betrachten das Gesamtprojekt nicht ausschließlich mit Wohlwollen.

Die Bautätigkeit in Heiligendamm begann 1795/96 mit dem Badehaus, das 1838/39 und 1874 aufgestockt und erweitert wurde. Es diente als herrschaftliche Unterkunft; heute beherbergt es als »Haus Mecklenburg« den Strandflügel der Hotelanlage. 1814–1816 entstand das eigentliche Kurhaus, das Mitte der 1850er Jahre wesentliche Umbauten erfuhr. Sein heutiger Mittelpunkt ist der 250 Quadratmeter große und zehn Meter hohe Ballsaal, der inzwischen in seiner historischen Form wieder entstand. Um 1840 kamen westlich des Kurhausplatzes drei Villen im englischen Landhausstil hinzu; 1843 gab der junge Großherzog Paul Friedrich den Auftrag zu einem repräsentativen Familiensitz in Form einer Tudorburg mit Türmen und Zinnen. Deren im Laufe der Zeit teilweise zerstörte historische Formen wurden 2000–2003 weitgehend rekonstruiert. Östlich des Kurhauses setzte sich die Bebauung nach 1845 mit den sieben »Logierhäusern« fort, die eindrucksvollen Kolonnaden wurden um 1860 fertig gestellt. 1873 schließlich öffnete das neoklassizistische »Haus Berlin« als hochmodernes »Grand Hotel« mit Wasserleitung, Bädern, Telegrafiemöglichkeiten seine Türen. Heute beherbergt es Entree, Rezeption und Lobby, Gesellschaftsräume und Zimmer des »Grand Hotel Heiligendamm«. Nicht fehlen durfte im herrschaftlichen Ensemble natürlich eine Orangerie. Sie entstand 1878, ebenfalls im neoklassizistischen Stil, und diente zeitweise als Verwaltungsgebäude und Telegrafenamt.

Blick auf Heiligendamm
von der Conventer Niederung

Gespensterwald bei Heiligendamm

Bizarre Bäume, Heiliger Damm, Kuhlen und Höhen

In einem reizvollen Kontrast zur Bäderarchitektur Bad Doberans, Heiligendamms und Kühlungsborns steht die naturbelassene Landschaft, in welche die Orte eingebettet sind. Malerische Wälder, durch den Wind bizarr geformte Bäume im schmalen »Gespensterwald«, die bewaldeten Hügel der »Kühlung« mit dem Diedrichshäger Berg von immerhin 128 Metern Höhe – all das schuf das spezielle Klima dieses Küstenstrichs.

Bereits 1939 wurden etwa 200 der über 1 200 Hektar großen Conventer Niederung zum Naturschutzgebiet erklärt, dessen heutiges Kernstück der Conventer See östlich von Heiligendamm ist. Einst handelte es sich um eine Meeresbucht, die inzwischen aber keine Verbindung mehr zur Ostsee hat. Seinen Namen erhielt der See von den Zisterziensermönchen des Klosters Doberan (Klosterkonvent bedeutet Versammlung der Mönche). Die Mönche waren es auch, die mit der Bewirtschaftung des Sees und vermutlich bereits um 1260 mit der systematischen Entwässerung der Niederung begannen.

Die Vogelwelt des Conventer Sees und seiner Umgebung ist außerordentlich reichhaltig. Von Bedeutung sind vor allem die Vorkommen an Sumpf- und Wasservögeln; denn das Naturschutzgebiet ist eines der wichtigsten Wasservogelbrut- und -rastgebiete an der Küste. Allerdings haben sich seit Ende der 60er Jahre Teile der meliorierten Conventer Niederung um etwa 80 Zentimeter gesenkt. Der flache See droht mittlerweile nicht nur zu verlanden, sondern sogar leerzulaufen. Ein künstlich zu schaffender Wasseraustausch mit der Ostsee soll dagegen helfen.

Immer wieder wird der Küstenabschnitt der Conventer Niederung von Sturmfluten heimgesucht, deren Folgen in vergangenen Zeiten aufgrund mangelnden Hochwasserschutzes wesentlich dramatischer ausfielen als heute. Unvergessen sind zum Beispiel die sehr schweren Sturmfluten der Jahre 1872 und 1924, die insbesondere Heiligendamm zum Verhängnis wurden und für große Schäden sorgten. Auch der »Heilige Damm« selbst verdankt sein Entstehen der Natur; es handelt sich um eine eiszeitliche Steinaufschüttung am Ostseestrand, die etwa vier Kilometer lang, 40 Meter breit und vier Meter hoch ist. Dieser natürliche Steindamm ist heute durch künstliche Aufschüttungen verstärkt und schützt das tiefliegende Binnenland.

Natürlich ranken sich auch um den »Heiligen Damm« verschiedene Sagen, die viel reizvoller sind als geologische Erklärungen. So wird von einer fürchterlichen Sturmflut im Jahre 1427 erzählt. Die Mönche des Klosters Doberan machten sich mit den Bauern der Umgegend daran, gegen das anstürmende Meer einen Wall aus Steinen und Holz zu errichten. Die mehrtägigen Arbeiten führten alle Beteiligten bis zur Erschöpfung. In höchster Not riefen die Mönche ihren Herrn an und verwiesen auf ihre Taten bei der Erbauung von Münster und Kloster. Und plötzlich drehte des Nachts der Wind. Das Meer gebar unter kräftigem Getöse

Landschaftsschutzgebiet Kühlung bei Kühlungsborn

Stürmische Ostsee bei Heiligendamm

Heiligendamm, Findlinge am Strand

Seiten 36/37: Abendstimmung bei Heiligendamm

Pavillon im Konzertgarten, Kühlungsborn Ost

einen gewaltigen Steindamm. Als Mönche und Bauern am Morgen zum Meer gingen, sahen sie den hohen »Gottesdamm« aufgeschüttet und nannten den Ort fortan Heiligendamm.

In einer anderen Geschichte heißt es, der Teufel habe einem Schäfer für dessen Seele den Damm als Abkürzung innerhalb nur einer Nacht aufschütten wollen. Er schaffte dies nicht, der Schäfer war gerettet, und der Damm war heilig.

Der benachbarte »Gespensterwald« verdankt seinen Namen den bizarren Baumformen, die sich vor allem im Herbst und Winter blattlos schaurig-schön präsentieren. Der so bezeichnete Teil des Küstenwaldes ist nur etwa 100 Meter breit und 1,3 Kilometer lang und erstreckt sich unmittelbar an der Abbruchkante der Steilküste, parallel zum darunter liegenden Ostseestrand. Seine Bäume sind 90- bis 170-jährige Eichen, Buchen, Hainbuchen und Eschen.

Westlich von Heiligendamm schließlich liegt das Landschaftsschutzgebiet »Kühlung«, eine von der letzten Eiszeit geformte, bewaldete Landschaft mit vielen namengebenden Kuhlen und Höhenzugen bis zu 128 Meter.

Vom Massentourismus zurück zum reizvollen Ostseebad

Nur wenige Kilometer westlich vom mondänen Heiligendamm entfernt liegt das Seebad Kühlungsborn, das 1938 aus dem Zusammenschluss der Bäder Brunshaupten, Arendsee und dem Fulgenhof entstand. Es ist das größte Ostseebad Mecklenburgs und zählt nach den umfassenden Sanierungen und Neubauten der Nachwendejahre wieder zu den schönsten.

Wie in Doberan waren Mönche maßgeblich an der Entwicklung der Region beteiligt. So geht die Besiedlung des heutigen Stadtgebietes bereits auf das 12. Jahrhundert zurück, als auf Initiative des Klosters Parchow die Bauerndörfer Brunshaupten und Arendsee gegründet wurden. Über Jahrhunderte hinweg waren Landwirtschaft und Fischfang die Haupterwerbsquelle der Einwohner, bis um 1850 die ersten Badegäste nach Fulgen kamen. Wenige Jahre später wurden auch Brunshaupten und Arendsee von den Sommerfrischlern entdeckt, sodass der Badebetrieb zunehmend zum wichtigen Wirtschaftsfaktor wurde.

Wie in allen Badeorten an der Ostseeküste wohnten die ersten Touristen mit in den Häusern der einheimischen Bevölkerung. Erst nach einiger Zeit begann der Bau von separaten Pensionen, vornehmen Hotels und Logierhäusern, die mit Hotelführung und Servicepersonal für neue Arbeitsmöglichkeiten jenseits des Bauern- und Fischerdaseins sorgten. Im heutigen Kühlungsborn war das um die Jahrhundertwende der Fall, als entlang des Bülowweges, der heutigen Ostseeallee, eine rege Bautätigkeit einsetzte.

Mit dem Ersten Weltkrieg kam der Tourismus in Kühlungsborn zum Erliegen; erst mit den staatlich organisierten »Kraft durch Freude«-Programmen der Nationalsozialisten setzte ein neuerlicher, kurzer Aufschwung ein. Schon wenige Jahre später war an Badefreuden jedoch nicht mehr zu denken, dienten Hotels und Pensionen als Lazarette und

Kühlungsborn, Strand

Kühlungsborn, Marina

Kühlungsborn, Seebrücke

Am Strand von Kühlungsborn

nach Kriegsende als Flüchtlingsunterkünfte. Aufgrund der vorhandenen Infrastruktur wurde Kühlungsborn ab den 60er Jahren als bevorzugter Urlaubs- und Erholungsort für die DDR-Bürger aufgebaut. Bis Ende der 80er Jahre prägte nun wieder ein staatlich gelenkter Massentourismus das Wirtschaftsleben der Stadt, jährlich kamen bis zu 130 000 Urlauber.

Vornehme Villen im Gründerzeit- und Jugendstil dominieren heute wieder den Charakter des Ortes, da seit den 1990er Jahren nach erfolgter Reprivatisierung überall umfangreich saniert wird. Eines der interessantesten und auch öffentlich zugänglichen Gebäude ist die heutige Kunsthalle im Stadtteil Kühlungsborn West. Sie wurde um 1908 im damaligen eigenständigen Seebad Ahrendsee erbaut und zu Beginn als Lesehalle genutzt. In den 20er Jahren war sie Kunsthaus, dann wieder Lesehalle und später Sport- und Tischtennishalle. 1990 war das Haus noch in desolatem Zustand, wurde jedoch erfreulicherweise komplett saniert und 1991 vom neu gegründeten Kunstverein Kühlungsborn gepachtet und eingeweiht. Seither dient es als Ort für jährlich sieben bis acht Ausstellungen sowie Lesungen, Vorträge und Kurse. Durch ihre unmittelbare Lage an der Ostsee und die vornehme Jugendstilarchitektur besticht die Kunsthalle auch als Ort für besondere Konzerte, etwa im Rahmen der international profilierten Festspiele Mecklenburg-Vorpommern.

Für den Pavillon im Konzertgarten in Kühlungsborn Ost haben übrigens die älteren Pavillons auf dem Doberaner Kamp Pate gestanden: Das Kühlungsborner Oktogon entstand um 1910.

Bereits 1991 wurde die 240 Meter lange Seebrücke fertig gestellt, in deren Nachbarschaft der Kühlungsborner Yachthafen mit 400 Liegeplätzen entstand. Skipper wissen seinen direkten Zugang zur offenen See und seine zentrale Lage zwischen Warnemünde und Wismar zu schätzen, die ideal ist für Törns nach Dänemark und Schweden. Die westliche Ostsee und der reizvolle Greifswalder Bodden sind von hier ebenfalls schnell zu erreichen.

Mit Deutschlands längster Strandpromenade, einem sechs Kilometer langen Strand, modernen und gediegenen Unterkünften – darunter überdurchschnittlich viele 4-Sterne-Hotels – sowie zahlreichen Ausflugs-, Wellness- und Sportmöglichkeiten zählt das Seebad Kühlungsborn wieder zu den besonders attraktiven Reise- und Ausflugszielen an der mecklenburgischen Ostseeküste. In der Umgebung finden sich zahlreiche Sehenswürdigkeiten sowie eine der 15 Golfanlagen Mecklenburg-Vorpommerns: Das Ressort des »Ostsee Golf Club Wittenbeck« liegt östlich von Kühlungsborn direkt an der Ostsee.

Südwestlich des Ortes – genau auf 54° 07' 55" nördlicher Breite und 11° 41' 37" östl. Länge – befindet sich bei Bastorf der topographisch höchstgelegene Leuchtturm in Deutschland: Der 1878 gebaute Backsteinbau ist selbst 21 Meter hoch, seine Lichtpunkthöhe liegt jedoch auf 95,30 Metern. Der Leuchtturm Buk bei Basdorf bezeichnet die Ansteuerung in die Wismarbucht und warnt mit seinem roten Sektor vor dortigen Untiefen.

Ebenfalls aus dem letzten Drittel des 19. Jahrhunderts stammt die Brunshöver Möhl am südöstlichen Stadtrand

Kühlungsborn West

Molli am Bahnhof Kühlungsborn

von Kühlungsborn, eine 1872 errichtete Sockelgeschoss-Holländermühle. Sie ist heute ein Wahrzeichen der Region und als Restaurant ein bekanntes Ausflugsziel.

Kühlungsborn, auch als die »Grüne Stadt am Meer« bezeichnet, wäre nur halb so schön ohne die umgebende Landschaft, das über 1 300 Hektar große Schutzgebiet Kühlung. Diese Kette bewaldeter Hügel, die sich nordwestlich von Rostock entlang der Ostseeküste erstreckt, entstand während der Weichseleiszeit: Die gigantischen Eismassen aus dem Norden brachten vor rund 120 000 bis 10 000 Jahren Geschiebemergel und Steine aus dem Norden, die die Landschaft an der heutigen südlichen Ostsee formten.

Für Naturfreunde ist das Gebiet mit seinen Mischwäldern, Hügeln, Tälern und Wasserläufen gut zu erreichen und dank vieler Wege gut zu durchstreifen. Aufmerksame Wanderer können seltene Pflanzen und steinerne Zeugen der eiszeitlichen Entstehung der Kühlung finden. Bei guter Sicht kann man von den Höhenzügen bis nach Fehmarn und zu den Dänischen Inseln gucken.

Ein weiteres Naturschutzgebiet, das den Reiz der Landschaft ausmacht, ist das Gebiet des Riedensees an der Bukspitze zwischen Rerik und Kühlungsborn. Hier ist die Steilküste von Rerik bereits in den flachen Strand von Kühlungsborn übergegangen. Der Riedensee ist einer der letzten Strandseen an der westlichen Ostseeküste, der noch in seiner ursprünglichen Art erhalten ist. Auch er ist ein Ergebnis der Eiszeit, in deren Anschluss sich die Senke mit salzhaltigem Ostseewasser füllte. Von der Landseite aus wird der Riedensee mit Süßwasser versorgt, periodisch dringt jedoch von der See aus immer wieder Salzwasser ein und überflutet vor allem im Frühjahr und im Herbst die angrenzenden Wiesen.

Diesen speziellen Bedingungen haben sich verschiedene, inzwischen seltene Pflanzen und Tiere angepasst. So findet man unter anderem die graugrüne Stranddistel, die Salzmiere mit ihren fleischigen Blättern und den Mauerpfeffer mit seinen gelben Blüten. Besonderen Seltenheitswert hat der vom Aussterben bedrohte Sand-Regenpfeifer, der seine granitsteinähnlichen Eier direkt an den Strand legt. Vermeintlichen Feinden täuscht er Lahmheit vor, um sie vom Nest wegzulocken und dann munter davon zu fliegen.

Das Naturschutzgebiet Riedensee ist etwa 95 Hektar groß, davon sind 84 Hektar Landfläche. Zu erreichen ist es von Kühlungsborn West oder von Rerik aus, der Strand kann durchaus zum Baden genutzt werden.

Rerik, aber nicht Reric

Bis ins Neolithikum reichen die archäologischen Nachweise einer Besiedlung der Wismarbucht und angrenzender Gebiete: Die typischen Großsteingräber oder Hünengräber in der Umgebung von Rerik stammen aus der Zeit zwischen 3000 und 1800 v. Chr. Doch auch schon früher siedelten Menschen auf dem Territorium des späteren Mecklenburg; vermutlich kamen vor etwa 16 000 Jahren erste Rentierjäger an die südliche Ostsee. Eine kontinuierliche Besiedlung hat

Seiten 48/49: Landschaft bei Bastorf

Pfarrkirche Rerik

aber wohl erst durch germanische Stämme um 600 v. Chr. begonnen, die im Zuge der Völkerwanderung durch slawische Stammesverbände fortgesetzt wurde. Etwa seit dem 6. Jahrhundert nach Christus wanderten die slawischen Obodriten aus östlicher Richtung ein und ließen sich bei Rerik nieder.

Bei einem der Großsteingräber handelt es sich um ein Kollektivgrab aus der Zeit der »Trichterbecher-Kultur«, benannt nach den typischen Formen der Keramikgefäße jener Zeit. Die Grabkammer ist fünf Meter lang, bis zu 1,90 Meter breit und 1,60 Meter hoch. Sie war ursprünglich mit Steinen eingefasst, einem 9,50 Meter mal 8,50 Meter großen »Hünenbett«, von dem Reste erhalten sind. Bei Ausgrabungen Ende der 1960er Jahre wurden knapp 200 Einzelfunde gemacht, darunter Bernsteinperlen, Pfeilspitzen, Beile und Schlagsteine.

Urkundlich erstmals erwähnt wurde das heutige Rerik 1238 als Alt Gaarz, wobei »gradn« ein slawische Wort für »Burg« war, so wie »wustrow« slawisch für »Insel« stand. Als 1938 Alt Gaarz das Stadtrecht erhielt, waren slawische Vorfahren ideologisch unerwünscht, sodass man in Anlehnung an einen sagenumwobenen angeblichen germanischen Handelsplatzes den Namen Rerik wählte. Allerdings befand sich das einst tatsächlich existierende Reric bei Wismar, wie Grabungen Ende der 1990er Jahre ergaben: Um 700 nach Christus war Reric zu einer wohlhabenden Handelsmetropole erblüht und wurde zu einer der wichtigsten Drehscheiben des baltischen Raums, weshalb Reric manchmal das nordische oder deutsche Troja genannt wird. Ab 808,

Großsteingrab (Dolmen) bei Rerik

Rerik, Blick vom Schmiedeberg auf Ostsee und Salzhaff

Rerik, Blick auf Schmiedeberg und Kirche

nach einem Überfall der Dänen, versank die Siedlung im Uferschlamm. Unter den Fundstücken, die im Zuge der Grabungen gemacht wurden, fanden sich Keramikstücke aus dem Rheinland und sogar arabische Münzen. Unterschiedliche Bestattungsriten belegen, dass Reric eine multikulturelle Gemeinschaft aus Wikingern, Friesen, Franken, Slawen und Sachsen war. Bis heute erhalten ist der sogenannte Schmiedeberg als Rest des alten slawischen Burgwalls aus dem 8. Jahrhundert, nachdem 1872 sein größter Teil einer Sturmflut zum Opfer fiel. Der Burgwall des versunkenen Reric ist übrigens neben dem von Kap Arkona auf Rügen der einzig bekannte an der Ostseeküste des Bundeslandes Mecklenburg-Vorpommern.

Ein wichtiges Zeugnis der einstigen Bedeutung von Gaarz bzw. des heutigen Rerik ist die Dorfkirche. Sie entstand zwischen 1250 und 1270 und ist eine der schönsten frühgotischen Landkirchen an der mecklenburgischen Küste. Größe und Architektur zeigen, dass der Ort nach der Zerstörung durch die Dänen 808 wieder aufgebaut wurde – 1239 wird Nyengaartz erstmals erwähnt – und die umliegenden Dörfer wirtschaftlich sichtlich überragte. Als Hafenort profitierte er von seiner Lage und konnte sich einen aufwendigen Kirchenbau leisten.

Natürlich gibt es eine Sage zur Entstehung des Gotteshauses: Die dänische Königin Margarete habe die Kirche aus Dankbarkeit gestiftet, weil sie von Fischern aus Seenot gerettet worden war. Ob es stimmt? – Auf jeden Fall war die Kirche über Jahrhunderte Landmarke in der Wismarer Bucht und diente Fischern und Seeleuten zur Orientierung.

Sehenswert ist die St.-Johannes-Kirche nicht nur aufgrund ihrer mittelalterlichen Architektur mit einer romanischen Priesterpforte, dem mächtigen Westturm mit einem achtseitigen Spitzhelm und dem großen Kreuz am Chorgiebel. Im Innern finden sich neben der Tauffünte aus gotländischem Kalkstein und dem Opferstock aus dem 13. Jahrhundert auch ein gotischer Altar und ein Triumpfkreuz aus dem 14./15. Jahrhundert. Sehr gut erhalten ist die barocke Ausstattung mit einer prunkvollen Kanzel (1751/52). Der Altaraufsatz mit allegorischen Figuren, ein Abendmahlsgemälde und eine gemalte Himmelfahrtsszene stammen aus den Jahren 1754/55. Eine Besonderheit für norddeutsche Kirchen sind zudem der evangelische Beichtstuhl aus dem 18. Jahrhundert und die in ihrer Qualität im gesamten Küstengebiet wohl einmalige Ausmalung. Sie wurde 1668 von einem Wismarer Künstler gefertigt und bei der Restaurierung 1971 bis 1976 freigelegt. Mitte der 70er Jahre konnte die Orgel von 1780 wieder instand gesetzt werden, die mit ihren 16 Registern, 1 056 Pfeifen und zwei Zimbelsternen für außergewöhnliche Konzerterlebnisse sorgt.

Seit 200 Jahren verboten sind in der Kirche – wie in anderen Küstenkirchen auch – verwerfliche Gebete, in denen die Menschen um eine »reiche Segnung des Strandes« baten. Dies bedeutete nichts weniger, als dass sie auf recht viele Schiffsunglücke hofften, in deren Folge die Ladung an den Strand und damit in ihren Besitz gespült wurde.

Über Jahrhunderte waren die Gaarzer bzw. Reriker als Fischer und Händler tätig, bis Ende des 19. Jahrhunderts auch an diesem idyllischen Fleckchen der Tourismus Einzug hielt. Er nahm allerdings nicht die Ausmaße wie etwa in Doberan und Kühlungsborn an; nach dem Zweiten Weltkrieg kamen jährlich »nur« etwa 36 000 Badegäste.

Bis heute konnte die rund 2400 Einwohner zählende Stadt ihren romantischen Charakter erhalten, wenngleich natürlich die Moderne Einzug gehalten hat. Die 170 Meter lange Seebrücke zur Ostsee ist ein beliebtes Ziel, von dem man einen herrlichen Rundblick über Salzhaff, Halbinsel Wustrow und Ostsee hat. Pünktlich zum Sonnenuntergang zieht die Brücke nicht nur frisch Verliebte magisch an; abends versuchen auch Angler von hier aus ihr Glück. Wer garantiert frischen Fisch erwerben möchte, sollte früh aufstehen, denn in den Morgenstunden kehren die einheimischen Profifischer zurück und verkaufen ihren Fang. Ein schöner Anblick sind deren Boote, wenn sie tagsüber im Fischereihafen auf dem Wasser schaukeln.

Direkt neben dem Anleger der Fischer liegt der städtische »Haffanleger«. Über zwanzig Boote mit unterschiedlichem Tiefgang können während der Saison bis zu drei Wochen hier festmachen. Wer nicht am eigenen Ruder stehen kann, findet mit dem Fahrgastschiff MS »Ostseebad Rerik« oder der Barkasse »Salzhaff« adäquaten Ersatz, um zu Ausflugsfahrten entlang der Halbinsel Wustrow oder bis zur Insel Poel zu starten.

Halbinsel Wustrow, Blick nach Rerik

Wustrow, Gutshausruine

Quo vadis Wustrow?

Dem Ostseebad Rerik vorgelagert liegt die gut 1000 Hektar große Halbinsel Wustrow, die im Süden vom Salzhaff, im Norden von der Ostsee begrenzt wird. Die Landzunge ist nur bis zu zwei Kilometer breit, die Verbindung zum Festland misst gerade einmal eine Stärke von 50 Metern. Ein Steilufer auf der Nordseite weist bis zu 21 Meter Höhe auf. Das außerordentlich beeindruckende Stück Natur gehört zusammen mit dem Haff und einem Festlandstreifen seit 1990 zum Landschaftsschutzgebiet »Küstenlandschaft Wismar-Bucht« und ist Heimat zahlreicher seltener, zum Teil vom Aussterben bedrohter, Pflanzen- und Tierarten.

Möglich wurde und wird die vergleichsweise ungestörte Entwicklung von Flora und Fauna durch eine jahrzehntelange militärische Nutzung, die jeglichen Tourismus ausschloss, und ein bislang ruhendes Projekt zur Inselentwicklung: Seit dem Abzug der Roten Armee 1993 verfügte zunächst das Bundesvermögensamt über das Areal, bevor es 1998 an einen privaten Investor verkauft wurde. Aufgrund zahlreicher Bürgerproteste gegen dessen Bebauungspläne und die damit verbundene Gefährdung der Natur ruhen alle Vorhaben. Zu betreten ist die Halbinsel Wustrow für die Öffentlichkeit derzeit nicht.

Die wechselvolle Geschichte des Fast-Eilands reicht weit zurück, wobei die ersten Generationen von Siedlern keine Spuren hinterlassen haben. Älteste menschliche Zeugnisse sind zwei Grabsteine aus dem Jahr 1465, die sich in der Kirche von Rerik befinden. Die drei Orte Neu Wustrow, Groß Wustrow und Klein Wustrow als Vorwerk befanden sich über Jahrhunderte im Besitz verschiedenster Gutsherren, zu denen so bekannte Namen wie von Moltke und von Oertzen zählten. Es waren immer nur wenige Menschen, die auf Wustrow lebten, dort Landwirtschaft betrieben und den Unbilden der Natur trotzen. So lebt zum Beispiel die Sturmflut von 1872 noch heute in den Erzählungen der Einheimischen. Damals wurden die Landzunge zur Halbinsel unterbrochen und die auf der Düne stehende Windmühle zerstört.

Der Wechsel vom ritterschaftlichen Flecken zum Militärgebiet begann 1933/34, als die Reichswehr die Insel kaufte und hier die größte Flakartillerie-Schule Deutschlands entstand. Am 1. April 1938 wurde Wustrow ein Ortsteil von Rerik. Nach 1945 vernichteten die sowjetischen Besatzungstruppen alle militärischen Anlagen, und Flüchtlinge aus den ehemaligen Ostgebieten wurden in den Gebäuden der Wustrower Gartenstadt untergebracht. Die Halbinsel sollte nun als Bodenreformland der Ansiedlung von Neubauern dienen. Doch noch vor Gründung der DDR fand die »Aktion Rerik« statt, und die neuen Siedler mussten ihr Land zurück geben – Wustrow wurde nun zur sowjetischen Garnison.

Bis zum Oktober 1993 blieb Wustrow in der Hand der Roten Armee und war für die Öffentlichkeit nicht zugänglich. Wochenlang räumten die Soldaten dann das Areal, und die Reriker hofften, dass sie nach 60 Jahren endlich wieder Besitz von der Halbinsel ergreifen, sie betreten und in die alten Häuser zurückkehren konnten. Daraus jedoch wurde nichts; die massive Munitions- und Kampfmittelbelastung erforderte aus Sicherheitsgründen ein Zutrittsverbot. 1998 schließlich erfolgte der Verkauf an die Fundus-Gruppe, die bereits in Heiligendamm aktiv war. Deren Pläne sehen unter anderem die Schaffung von Wohn- und Urlaubsdomizilen für rund 2100 Menschen, einen Golfplatz und einen Yachthafen vor.

Zeugnisse ostelbischer Gutsherrschaft

Nicht nur die bekannten Ostseebäder prägen die Küste zwischen Bad Doberan, Heiligendamm und Kühlungsborn. Im Landesinnern gibt es zahlreiche kleine Orte mit architektonischen Kleinoden, die vom einstigen Leben hier künden. Privatleute und Initiativen haben es sich zur Aufgabe gemacht, sie als Kulturdenkmäler zu erhalten; für den Tourismus sind sie als Ausflugsziele unentbehrlich.

Die weiten ländlichen Regionen Mecklenburgs sind bekannt für prächtige Guts- und Herrenhäuser, auch einige Schlösser gibt es; die genaue Zuordnung und Bezeichnung wird gemeinhin nicht so eng gesehen. Geschichtlicher Hintergrund sind die sich vor allem nach dem Dreißigjährigen Krieg entwickelnde ostelbische Gutsherrschaft und Leibeigenschaft, die in Mecklenburg und Pommern in wesentlich strengerer Form vorkam, als es in anderen Gebieten der Fall war. Unbeschränkte Frondienste, Gesindezwang der Kinder und nicht existierende Freizügigkeit machten der einfachen Landbevölkerung bis ins 19. Jahrhundert das Leben schwer. Ihre ärmlichen Katen haben kaum die Zeiten überdauert.

Die Gutsherren, die Junker, hingegen konnten ihre wirtschaftliche Potenz in Form prächtiger Herrensitze dokumentieren, die nicht selten landesherrliche Bauten an Prunk überboten. Die Herrenhäuser, beziehungsweise Schlösser, standen gewöhnlich quer am Ende des Gutshofes, dahinter lag der Gutspark.

Längst nicht alle dieser Bauten und Anlagen haben die Nachkriegszeit überstanden. Wer jedoch gemächlich und auch abseits der großen Straßen durch die Landschaft reist, kann verschiedene – verfallende oder sanierte – Gebäude entdecken.

Kägsdorf, westlich von Kühlungsborn gelegen, verfügt beispielsweise noch über ein zweigeschossiges neogotisches Herrenhaus aus der Mitte des 19. Jahrhunderts. Nach 1945 diente es als Ferienheim, heute ist es saniert und beherbergt unter anderem eine Pension.

Das Herrenhaus Hohen Niendorf bei Bad Doberan wurde um 1865 für das Grafengeschlecht Wilamowitz-Möllendorf als Backsteinbau in historistischen Formen mit drei Seitenachsen errichtet. 1912 ist das Gebäude unter anderem durch die Errichtung eines Turmes stark verändert und zum Jagdschloss ausgebaut worden. Der große Landschaftspark wurde 1866 nach Plänen eines Rostocker Gartenarchitekten unter Einbeziehung mehrerer ur- und frühgeschichtlicher Bodendenkmale angelegt.

Seiten 60 / 61: Landschaft bei Heiligendamm

Der Hof Klein Bollhagen bei Bad Doberan wurde im 19. Jahrhundert erbaut und inzwischen unter möglicher Bewahrung der historischen Gegebenheiten restauriert. Das Gutshaus ist bewohnt, um den Hof herum gruppieren sich einige Ferienhäuser.

Die mecklenburgischen Bauern wohnten hingegen zumeist unter einfachsten Bedingungen. Sie mussten sich mit Lehm gefüllten Holzfachwerkbauten zufrieden geben, die mit Roggenstroh oder Schilf gedeckt waren. Tagelöhner und Büdner hausten unter noch ärmlicheren Umständen in kleinen Katen.

Eine bis ins 20. Jahrhundert häufig anzutreffende Hausform war das niederdeutsche Hallenhaus, das in regional unterschiedlichen Ausführungen vorkam. Es vereinte alle bäuerlichen Lebensbereiche unter seinem Dach, also das Wohnen, das Aufstallen des Viehs, das Bergen der Ernte und die wichtigsten Binnenarbeiten.

In mehreren Orten erhalten sind typische mecklenburgische Dorfkirchen. Steffenshagen etwa, südlich zwischen Kühlungsborn und Heiligendamm gelegen, ist für seine gotische Backsteinhallenkirche vom Ende des 13. Jahrhunderts bekannt. Beachtenswert sind besonders die durch ein Kapitelband mit Apostelfiguren geschmückte südliche Pforte, der mit Formziegeln verzierte Chor, das spätromanische Taufbecken und die spätgotischen Ausstattungsstücke der Triumpfkreuzgruppe und des Schnitzaltars. Ebenfalls erwähnenswert sind der historische Schmiedehof und eine etwa 200 Jahre alte Bockwindmühle – sie stammt allerdings aus Sachsen-Anhalt und wurde 1998 im Ort aufgebaut.

Glas und Wasser im Quellental

Südlich von Bad Doberan, nahe des Dörfchens Glashagen, erstreckt sich das liebliche »Quellental«, dem uralte Rotbuchen, Schwarzerlen und Eschen etwas Geheimnisvolles verleihen. Es lädt nicht nur zum Wandern ein, sondern ist auch Standort der ältesten Glasproduktionsstätte Mecklenburgs und Quellort eines mineralhaltigen Wassers.

Urkundliche Erwähnung fanden die Orte Glashagen und Glashütte bereits um 1273 beziehungsweise 1268. Die Zisterziensermönche des nah gelegenen Klosters betrieben hier die erste Glashütte; Hochkonjunktur hatte das grüne Mecklenburger Waldglas im 17. und 18. Jahrhundert. Auf derart historischem Boden steht heute die Glas-Hagen-Hütte und produziert Erzeugnisse nach Art des alten »Waldglases«. Besucher sind hier ebenso wie in den benachbarten Kunsthandwerkstätten des Künstlerdorfes willkommen.

Seit Menschengedenken sprudelt glasklares Wasser aus mehreren Quellen der beeindruckenden Endmoränenlandschaft. Die bekannteste ist beim Spazieren leicht zu finden, wird sie doch durch einen kleinen klassizistischen Tempel markiert.

Natürlich nutzten schon die Doberaner Mönche im Mittelalter das Glashäger Wasser zum Bierbrauen und Heilfasten. Kommerziell erschlossen wurde die Quelle aber erst 1906, nachdem Gutsbesitzer von Blücher den ausgezeichneten mineralischen Gehalt des Wassers hatte feststellen lassen. Schon 1908 wurde das Wasser über Rohre nach Doberan gepumpt, wo es auch heute noch industriell abgefüllt wird.

OSTSEE
KÜHLUNGSBORN-
WEST
OST
HEILIGENDAMM
Der heilige Damm
Nienhagen
Nienhager Holz
(Gespensterwald)
Börgerende
Rethwisch
Conventer See
Riedensee
Kägsdorf
Kleiner Wohld
Klein Bollhagen
Großer Wohld
Doberaner Wiesen
Hinter Bollhagen
Wittenbeck
Bastorf
KÜHLUNG
Molli-Bahn
Pferderenn-bahn
Mechelsdorf
Wichmannsdorf
RERIK
Neu Gaarz
Hohen Niendorf
129
Diedrichshagener Berg
Diedrichshagen
Steffenshagen
Walkenhagen
Doberaner Holz
Kellers Wald
nach ROSTOCK
BAD DOBERAN
Althof
WUSTROW
Wustrow
Blengow
Jennewitz
Reddelich
SALZHAFF
Biendorf
Roggow
KRÖPELIN
Glashagen
Hohenfelde
Hütter Wohld
Teßmannsdorf
Retschow
Pepelow
Rakow
Hanstorf
NEUBUKOW
Boiensdorf
105/E22
Blowatz
nach WISMAR
Legende
0
2,5
5
7,5
10 km
Ortschaft
Bundesstraße
wichtige Land- oder Ortsstraße
Eisenbahn mit Bahnhof
Mecklenburgische Bäderbahn mit Bahnhof ("Molli")
Wald
See/Fluß
Karte nicht maßstabsgerecht
C.T.

Titelbild: Kühlungsborn, Marina
Seite 2: Ostseestrand am Riedensee
Rücktitel: Bastorfer Leuchtturm

Bibliographische Information Der Deutschen Bibliothek:
Die Deutsche Bibliothek verzeichnet diese Publikation in der Deutschen Nationalbibliographie; detaillierte bibliographische Daten sind im Internet über http//dnb.ddb.de abrufbar.

Lagerstraße 7, 18055 Rostock
Tel. 03 81 / 49 69-0
www.hinstorff.de
Weitere Informationen zur Fotografie: www.foto-grundner.de

1. Auflage 2007

Herstellung: Hinstorff Verlag GmbH
Lektorat: Dr. Florian Ostrop
Mitarbeit: Thomas Gallien
Karte: Claudia Trost
Repro: lithotronic media gmbh
Druck und Bindung: Westermann Druck Zwickau GmbH
Printed in Germany
ISBN 978-3-356-01183-8